[アンサンブル楽譜]

WSEF-18-004

CAN YOU CELEBRATE?

作曲：小室哲哉　編曲：宮川成治

フレックス5(～8)重奏

Part 1
Flute (Piccolo) / Oboe / E♭ Clarinet / B♭ Clarinet / Soprano Saxophone / B♭ Trumpet

Part 2
Flute / Oboe / B♭ Clarinet / Alto Saxophone / B♭ Trumpet

Part 3
B♭ Clarinet / Alto Saxophone / Tenor Saxophone / F Horn

Part 4
B♭ Clarinet / Tenor Saxophone / F Horn / Trombone / Euphonium

Part 5
Bassoon / Bass Clarinet / Baritone Saxophone / Euphonium (Trombone) / Tuba / String Bass (Electric Bass)

*Drums

*Percussion
Wind Chime, Cabasa

*Mallet
Glockenspiel

＊イタリック表記の楽譜はオプション

1997年に発表された、安室奈美恵の言わずと知れた代表曲。当時社会現象とまで言われた彼女の、ブレイクの真っただ中で発表されたこの楽曲。ダブルミリオンの売り上げを記録し、その年の日本国内最大のヒット曲となりました。そんな名曲中の名曲を、フレックスアンサンブルにアレンジ。ウェディングソングの定番としても愛されている楽曲なので、演奏会はもちろんのこと、結婚式で演奏すると喜ばれる一曲です。

CAN YOU CELEBRATE?

フレックス5(〜8)重奏

小室哲哉 作曲
宮川成治 編曲

CAN YOU CELEBRATE? - 2

ご注文について

ウィンズスコアの商品は全国の楽器店、ならびに書店にてお求めになれますが、店頭でのご購入が困難な場合、当社WEBサイト・電話からのご注文で、直接ご購入が可能です。

◎当社WEBサイトでのご注文方法

http://www.winds-score.com

上記のURLへアクセスし、WEBショップにてご注文ください。

◎お電話でのご注文方法

TEL.0120-713-771

営業時間内に電話いただければ、電話にてご注文を承ります。

※この出版物の全部または一部を権利者に無断で複製(コピー)することは、著作権の侵害にあたり、著作権法により罰せられます。

※造本には十分注意しておりますが、万一、落丁・乱丁などの不良品がありましたらお取り替えいたします。また、ご意見・ご感想もホームページより受け付けておりますので、お気軽にお問い合わせください。

Part 1 (in C)

CAN YOU CELEBRATE?

フレックス5(～8)重奏

小室哲哉 作曲
宮川成治 編曲

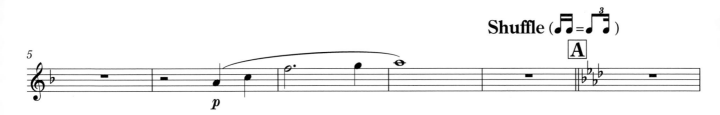

MEMO

CAN YOU CELEBRATE?

Part 1
Flute (Piccolo)

フレックス5(〜8)重奏

小室哲哉 作曲
宮川成治 編曲

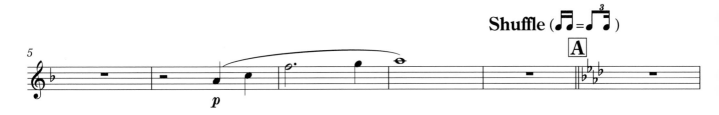

CAN YOU CELEBRATE?

フレックス5(～8)重奏

小室哲哉 作曲
宮川成治 編曲

Part 1
Oboe

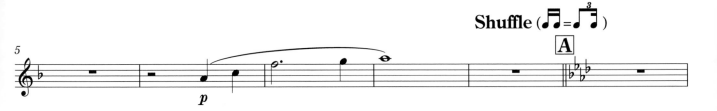

Part 1
E♭ Clarinet

フレックス5(〜8)重奏
CAN YOU CELEBRATE?

小室哲哉 作曲
宮川成治 編曲

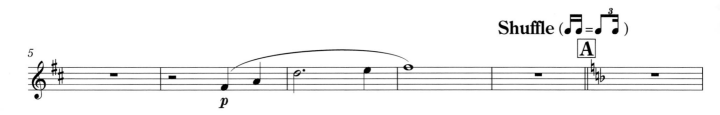

Part 1

B♭ Clarinet / Soprano Saxophone

フレックス5(～8)重奏

CAN YOU CELEBRATE?

小室哲哉 作曲
宮川成治 編曲

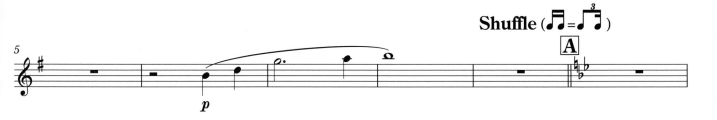

CAN YOU CELEBRATE?

Part 1
B♭ Trumpet

フレックス5(〜8)重奏

小室哲哉 作曲
宮川成治 編曲

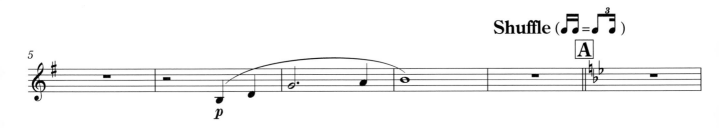

MEMO

Part 2 (in C)

CAN YOU CELEBRATE?

フレックス5(〜8)重奏

小室哲哉 作曲
宮川成治 編曲

MEMO

CAN YOU CELEBRATE?

Part 2
Flute / Oboe

フレックス5(〜8)重奏

小室哲哉 作曲
宮川成治 編曲

Part 2
B♭ Clarinet

CAN YOU CELEBRATE?

フレックス5(〜8)重奏

小室哲哉 作曲
宮川成治 編曲

Part 2
B♭ Trumpet

フレックス5(〜8)重奏
CAN YOU CELEBRATE?

小室哲哉 作曲
宮川成治 編曲

Part 3 (in C)

CAN YOU CELEBRATE?

フレックス5(〜8)重奏

小室哲哉 作曲
宮川成治 編曲

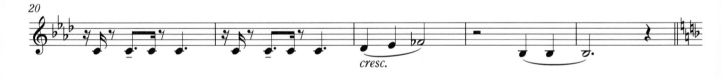

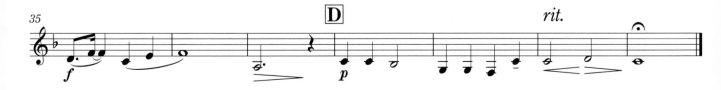

MEMO

Part 3
Alto Saxophone

フレックス5(〜8)重奏
CAN YOU CELEBRATE?

小室哲哉 作曲
宮川成治 編曲

Part 3
Tenor Saxophone

フレックス5(～8)重奏
CAN YOU CELEBRATE?

小室哲哉 作曲
宮川成治 編曲

Part 3
F Horn

CAN YOU CELEBRATE?

フレックス5(〜8)重奏

小室哲哉 作曲
宮川成治 編曲

Part 4 (in C)

CAN YOU CELEBRATE?

フレックス5(〜8)重奏

小室哲哉 作曲
宮川成治 編曲

MEMO

CAN YOU CELEBRATE?

Part 4
Tenor Saxophone

フレックス5(～8)重奏

小室哲哉 作曲
宮川成治 編曲

CAN YOU CELEBRATE?

Part 4
F Horn

フレックス5(〜8)重奏

小室哲哉 作曲
宮川成治 編曲

Part 4
Trombone / Euphonium

フレックス5(〜8)重奏
CAN YOU CELEBRATE?

小室哲哉 作曲
宮川成治 編曲

Part 5 (in C)

CAN YOU CELEBRATE?

フレックス5(〜8)重奏

小室哲哉 作曲
宮川成治 編曲

MEMO

Part 5
Bassoon

CAN YOU CELEBRATE?

フレックス5(～8)重奏

小室哲哉 作曲
宮川成治 編曲

Part 5
Baritone Saxophone

フレックス5(〜8)重奏
CAN YOU CELEBRATE?

小室哲哉 作曲
宮川成治 編曲

Part 5
Euphonium (Trombone)

CAN YOU CELEBRATE?

フレックス5(〜8)重奏

小室哲哉 作曲
宮川成治 編曲

Part 5
Tuba

CAN YOU CELEBRATE?

フレックス5(～8)重奏

小室哲哉 作曲
宮川成治 編曲

Part 5
String Bass (Electric Bass)

フレックス5(〜8)重奏
CAN YOU CELEBRATE?

小室哲哉 作曲
宮川成治 編曲

Drums

フレックス5(～8)重奏

CAN YOU CELEBRATE?

小室哲哉 作曲
宮川成治 編曲

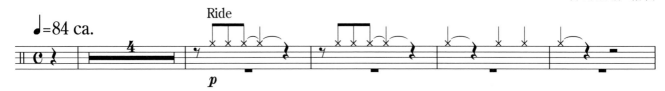

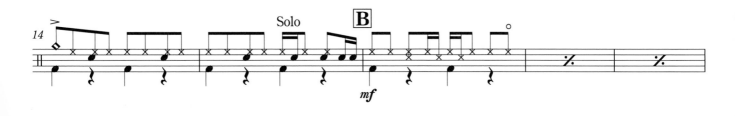
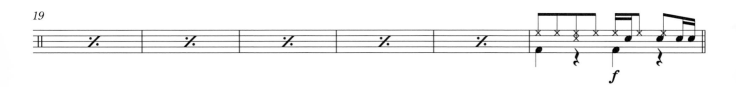

MEMO

CAN YOU CELEBRATE?

Percussion — Wind Chime, Cabasa

フレックス5(〜8)重奏

小室哲哉 作曲
宮川成治 編曲

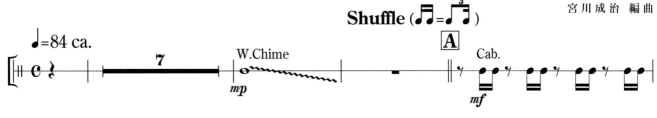

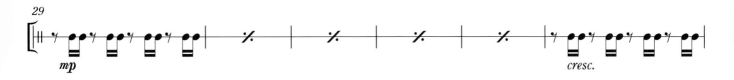
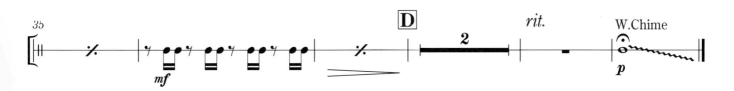

Mallet
Glockenspiel

フレックス5(〜8)重奏
CAN YOU CELEBRATE?

小室哲哉 作曲
宮川成治 編曲

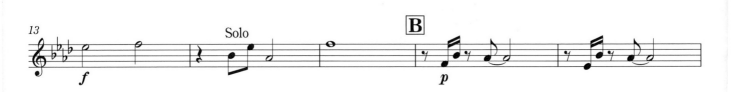